I0077182

STATUTS
ET ORDONNANCES
POLITIQUES

CY-DEVANT CONCEDEZ ET
Octroyez aux Maiſtres Jurez Layettiers-Eſcre-
niers de ladite Ville de Paris ; verifiez & eſmo-
loguez par Monſieur le Prevoſt de Paris ou
ſon Lieutenant, leſquels ont eſté fait pour la
conduite, Police & entretenement dudit Meſtier
& pour obvier aux Abbus qui ſe peuvent com-
mettre à l'exercice d'icelluy, touſjours depuis
obſervez ainſi qu'il eſt porté par chacun des
Articles cy-aprés ſpecifiez ; auſquels les Maiſtres
Jurez dudit Meſtier qui ſont à preſent ont ajouté quelques autres Articles qu'ils ont trouvé eſtre
neceſſaires & raiſonnables pour l'entretenement
dudit Meſtier, bien & commodité du Public,
tous leſquels ils ſupplient le Roy vouloir approu-
ver, eſmologuer & confirmer.

A PARIS,

Chez LAURENT MAZUEL, ruë de la Huchette,
au bout du Pont Saint Michel.

___

M. DCC XXV.

STATUTS DES MAISTRES
Layetiers & Escreniers de la Ville de Paris.

PREMIEREMENT.

QUE ou dit Estat & Mestier, appartenoit de faire Huches de Bois de Hestre.

II.

ITEM. Tous Ecrains & Layettes, tant grandes que petites, à mettre toutes Marchandises.

III.

ITEM. Tous Escrains à Gorge & autrement façon de Bougettes qui se portent à Arçons de Selle, que les Gainiers ont accoutumée couvrir de Cuir.

IV.

ITEM. Toutes Ratiers-Souriciers à prendre ratz & souris & de tout bois

A ij

V.

ITEM. Tous Escrains de Córpo-
raulx.

V I.

ITEM. Toutes Cages de Bois à
Escureüilx & à Rossignols.

V I I.

ITEM. Tous Coffres de Bois cloüez

V I I I.

ITEM. Tous Escrains & Layettes
à mettre Trebuchets & toutes sortes
de Balences, tant grandes que petites

I X.

ITEM. Tous Escrains Tabernacle
à mettre Image , tant grandes que
petites.

X.

ITEM. Tous Escrains en façon de
Pipitre & Escritoire couvert de cuir.

X I.

ITEM. Touttes Boëtes de Bois de
Hestre.

X I I.

ITEM. Tous Escrains en façon de

de Coffrets à pied & fans pieds &
ronds.

XIII,

ITEM. Tous Tableaux à mettre
Images à moulure.

XIV.

ITEM. Tous Efcrains à mettre ma-
nicordions & Efpinettes.

XV.

ITEM. Tous Efcrains nommé Ve-
rier.

XVI.

ITEM. Tous Efcrains à mettre Sel.
Tous lefquelles & anciennement
auroit efté fait plufieurs Statuts & Or-
donances, qui depuis auroient efté
perdues & adhirez, au moyen de quoi
ledit Meftier & eftoit mal conduit en
ordre & police, pour à quoi obvier
lui auroit auffi prefenté les Articles
qui enfuivent. Et premierement.

XVII.

QUE deffenfes fuffent faires à tous
Marchands Revendeurs des Mar-

chandifes deffus dites, de non vendre lefdites Marchandifes & Ouvrages cy-deffus dites par Articles décla-
rées, fans avoir efté vifitées par les
Jurez dudit Meftier, fi ils n'avoient
efté faits en cette Ville de Paris & par
les Maiftres dudit Meftier, & fur
peine de vingt fols parifis d'amende
moitié au Roy, & l'autre moitié à la
Confrerie & Jurez dudit Meftier.

XVIII.

ITEM. Que tous Marchands Fo-
rains apportans telles Marchandifes
comme deffus, foient écrites & décla-
rées pour les vendre, ne les puiffent
vendre à nuls, fans ce que premierement n'ayent efté vifitées par les Jurez dudit Meftier, & ce fur peine de
20 fols parifis d'amende, moitié au
Roy, & l'autre moitié à ladite Confrerie & Jurez.

XIX.

ITEM. Et après ce que aucun Marchand Forain ufant dudit Meftier &

Marchandife aura efté reptis d'avoir
vendu fadite Marchandife, premier
que fadite Marchandife n'ait efté vi-
fitée par les Jurez dudit Eftat, & qu'il
ait efté payé la deffus dite amende,
& qu'il perfevere ce faire, que fadite
Marchandife foit confifquée & mife
au profit du Roy, Confrairie & Jurez.

X X.

ITEM. Que nul Maiftre dudit Métier ne pourra avoir qu'un Apprentif,
néantmoins de fix ans en apprentif-
fage, & qu'il en ait Brevet & Lettres,
& qu'il en faffe apparoir aux quatre
Jurez dudit Meftier, & fur peine de
20 fols parifis d'amende à appliquer
ainfi que deffus.

X X I.

ITEM. Que nul defdits Maiftres
ne pourra ufer de Bois pourri, fen-
du, caffé & éclaté fur peine de 20 f.
parifis d'amende à appliquer comme
deffus.

X X I I.

ITEM. Que chacun Apprentif,

comme dit est, paye à son entrée
d'apprentissage cinq sols parisis au
profit de ladite Confrerie.

XXIII.

ITEM. Quand il aura fait son apprentissage, comme dit est, soit payé
autre cinq sols parisis, & ce tout à la
Confrerie.　　XXIV.

ITEM. Que quiconque voudra
estre receu Maistre après son apprentissage, en faisant son Chef-d'œuvre
ou autrement, il sera tenu de payer
à ladite Confrerie trois Ecus d'Or
soleil, & faire les Droits en la maniere accoutumée.

XXV.

ITEM. Que nuls Marchands de
cette Ville de Paris ne autres ne pourront exposer en vente aucune Mar-
chandise en ladite Ville qu'ils auront
amenée ou fait amener de dehors audit Estat requis, que premierement
ne soient visitées par les Jurez dudit
Mestier, & qu'ils ne la puissent met-

tre.

tre en leurs Maiſons ou Chantiers,
ſans avoir eſté viſitée, comme dit eſt,
ſur peine de 40 ſ. pariſis, moitié au
Roy, & l'autre moitié à ladite Confrerie & Jurez.

XXVI.

ITEM. Si aucun Marchand dudit
Eſtat ait eſté repris, & qu'il ait payé
l'amande, & qu'il continue à ce faire,
que ſa Marchandiſe ſoit confiſquée,
moitié au Roy, & l'autre moitié à
ladite Confrerie & Jurez.

XXVII.

ITEM. Que nul Maiſtre dudit
Meſtier ne prenne Compagnon Forain pour beſogner dudit Meſtier,
que premier il ne baille à ladite Confrerie 5 ſ. pariſis, & qu'il faſſe apparoir par Lettres ou par preuve de ſon
apprentiſſage, & ſur peine de 20 ſ.
pariſis d'amende, moitié audit Seigneur, & l'autre moitié à ladite Confrerie & Jurez à payer par le Maiſtre
qui à ce recevra ledit Forain.

B

XXVIII.

ITEM, Que chacun desdits Maîtres & Compagnons receus audit Métier, comme dit est, paye chacun an au jour Saint Fiacre auquel ils feront leur Feste & leur Confrerie 12 den. parisis.

XXIX.

ITEM, Que nul dudit Mestier ne pourra besogner dudit estat que jusqu'à huit heures du soir, sur peine de 8 s. parisis d'amende, moitié au Roy, & l'autre moitié à ladite Confrerie & Jurez.

Pour les Articles estre convertis en Statuts & Ordonnances, & selon iceux ledit Mestier regir en ordre & police, sur quoi le Roy notredit Seigneur auroit imparti ses Lettres du 23 Decembre 1521 : A Nous adressans pour informer sur le contenu desdites Lettres, pour ce fait ladite information avec l'avis & deliberation de Nous & de notre Conseil être renvoyé par devers lui pour y pour-

voir comme de raiſon, ainſi que plus
à plein eſt contenu & déclaré eſdites
Lettres, deſquelles la teneur enſuit.

FRANCOIS par la grace de
Dieu, Roy de France : Au
Prevôt de Paris ou ſon Lieutenant,
SALUT. Receus avons l'humble
ſupplication de nos bien amez les
Maiſtres Jurez du Meſtier de Laye-
tiers-Eſcreniers en la Ville de Paris,
Contenant que ledit Meſtier ſe con-
ſiſte en pluſieurs Ouvrages, & pour
ce que certains Statuts & Ordonnances qu'ils avoient d'ancienneté ont
eſté perdus & adhirez, dont ils ne
peuvent de préſent faire apparoir,
pluſieurs abus ſe font & commettent
en icelui : A CES CAUSES Nous
ont eſté preſentés certains Articles,
Statuts & Ordonnances, nous reque-
rant pour le bien profit & utilité de
la choſe publique, & que ledit Meſ-

tier soit conduit en ordre & police,
iceux leur confirmer & sur ce impar-
tir notre grace, pourquoi nous ces
choses considerées, Voulant chacune
des Statuts de Notre Royaume estre
regi en ordre & police, pour ces causes & autres à ce nous mouvans:
Vous mandons & commettons par
ces Presentes, que appelle nostre
Procureur & Officier, vous vous
informiez bien & deuement sur le
contenu des Articles que Nous vous
envoyons enclos sous le contre-Scel
de notre Chancellerie fait de la commodité ou incommodité de nous, &
de la chose publique, & ladite information avec l'avis de vous & de nos-
dits Procureurs & Officiers renvoyé
par devers nous pour y pourvoir
comme de raison : Car ainsi nous
plait estre fait nonobstant quelconques Lettres subreptices à ce contraires : Mandons & commandons
à tous nos Officiers Justiciers & Sujets

que à l'execution des Prefentes foit
obei. Donné à Paris le vingt-troifi-
éme jour de Decembre, l'an de Grace
1521. Et de notre Regne le feptié-
me. Signé, par le Roy à la relation
du Confeil DESLANDES.

Par vertu defquelles information
auroit efté faite en la prefence de
notre amé Maiftre Robert Piedefer,
Confeiller & Avocat du Roy noftre
Seigneur au Chaftelet de Paris, par
feu noble homme fage Me Louis
Riezé en fon vivant Confeiller du
Roy, noftredit Seigneur & Lieutenant Civil de ladite Prevôté de Paris,
fur laquelle & certain acte de Nous
donné le 31 Janvier 1522, contenant
l'avis & déliberation du Confeil pour
ce affemblé avec le Procureur dudit
Seigneur, dont la teneur enfuit.

A TOUS ceux qui ces prefentes Lettres verront, Gabriel Baron & Seigneur d'Alegre, S. Juft, Meillantoryes, S. Dier & de Puffol, Confeiller, Chambellan du Roy noftre Sire & Garde de la Prevôté de Paris, Salut. Sçavoir faifons, que veues les Lettres Royaux du Roy noftredit Seigneur à Nous adreffans, fignées Deflandes, donné à Paris en datte du 23 Decembre 1521 : obtenues par les Maiftres Jurez du Meftier de Layetiers & Efcreniers de la Ville de Paris, par lefquelles le Roy noftre dit Seigneur veut & Nous mande par iceluy que appellé le Procureur & Officiers d'icelui Seigneur, informions bien & deuement, & fur ce contenues ces Articles à Nous envoyés fous le Contre-Scel de la Chancellerie de la commodité ou incommodité dudit Seigneur & de la chofe publique & ladite information avec l'avis de nous du Procureur & Officlers dudit Seigneur, eussions à renvoyer par devers lui pour pouvoir comme de raison; & ensuivant lesquelles en obtemperant à icelles fussions communiqué lesdites Lettres & Articles audit Procureur du Roy & autres Officiers d'icelui Seigneur, sur lesquelles avons bien & diligemment informé de la commodité ou incommodité d'iceux Articles en la presence de honorable homme & sage Me Robert Piedefert Conseiller & Avocat d'icelui Seigneur, laquelle information auroit semblablement esté communiquée audit Procureur du Roy, après laquelle communication: Ouy sur ce l'avis & déliberation desdits Avocat & Procureur du Roy & autres Conseillers dudit Seigneur, nostre avis est que les premier, deuxiéme & neuviéme Articles sont raisonnables pourveu que ladite visitation se fasse par lesdits Jurez sans fraude à prix raisonnable non exces-

fif & fans exaction , les 3 & 2e Articles que avant proceder à ladite con-
fifcation que le Marchand ait efté repris par plufieurs fois, que la 4e Ar-
ticle eft raifonnable, & que ledit Apprentif ne pourra eftre moins que de
quatre ans complets, que le 5e eft
raifonnable, que les 6 & 7 font raifonnables, que le 8 eft raifonnable,
fans ce que ledit voulant eftre Maiftre foit tenu faire lefdites dépenfes
& Banquets aufdits Maiftres Jurez,
lefquels nous avons prohibés & def-
fendus; que les 11, 12 & 13e font raifonnables ; & afin que lefdits Maiftres
& Apprentifs foient plus continuez
en leur befogne & ouvroüer fans
avoir caufe ou matiere de vacquer &
fe debaucher, ils ne pourront contre-
porter leurs Marchandifes par les rues
pour icelles vendre, mais la pourront
vendre en leurs Maifons & Ouvroü-
ers à tous autres Marchands & autres
de quelques eftats qu'ils foient, qui
en

en pourront contre-porter & faire ce
que bon leur femblera , & lefquelles
lefdits Articles informations & avis
nous vous envoyons féablement clos
& fcellez fous le Contre-Scel de ladite Prevofté de Paris, pour y eftre
pourveu , ainfi que verrez eftre à
faire par raifon : En témoin de ce
nous avons fait mettre à ces Prefentes le Scel de ladite Prevofté de Paris. Ce fut fait l'an 1 5 2 2 le 3 1 & dernier jour de Janvier, ainfi figné,
LORMIER. Icelui Seigneur nous auroit décerné fes autres Lettres du 26ᵉ
jour de Mars 1 5 2 6 dernier paffé,
defquelles la teneur enfuit.

FRANCOIS par la grace de
Dieu, Roy de France : Au Pre-
vôt de Paris ou fon Lieutenant, Salut.
Receus avons l'humble fupplication
des Maiftres Jurez du Meftier de
Layetier & Efcreniers en cette Ville

de Paris, Contenant qu'ils ont de
nous obtenu en notre Chancellerie
les Lettres cy-attachées fous noftre
Contre-Scel à Nous adreffans, par
lefquels vous eft mandé pour les cau-
fes contenues en icelui, informé fur
la commodité ou incommodité des
chofes contenues efdites Lettres &
Articles plus amplement fpecifiez, ce
qui a efté fait par vous felon le contenu defdites Lettres, & refte de
prefent pourvoir fur lefdits Articles,
felon la matiere fujette, aufquelles
chofes fournir & pourvoir pour le
bien des parties, & auffi que vous
eftes Juges ordinaire d'icelui eft ex-
pedient aufdits Supplians avoir de
nous Lettres de Commiffion à vous
adreffantes, parcequ'il n'y pourrions
entendre ne vacquer. A CES CAUSES
lefdits Supplians Nous ont humblement fait fupplier & requerir que fur
ce leur veuillons pourvoir de remede
convenable, pourquoy Nous ces

choses considerés; Voulans subvenir
à nos Sujets selon l'exigence des cas,
vous mandons & pour les causes dessus dites, commettons par ces Presentes que appellé nostre Procureur
du Chastelet de Paris & autres, qui
pour ce feront appeller, vous pour-
voyez sur lesdits Articles & informations ausdits Supplians pour le bien
& utilité de la chose publique, comme verrez au cas appartenir; ainsi
qu'il appartiendra par raison, & que
au tems à venir lesdits Supplians
n'ayent cause de retourner plaintif
par devers Nous : Car ainsi Nous
plaist; il estre fait nonobstant quelconques Lettres impetrées ou à im-
petrer à ce contraires. Mandons &
commandons à tous nos Justiciers,
Officiers & Sujets que à vous en ce
faisant soit obei. Donné à Paris le
26e jour de Mars l'an de grace 1526
avant Pasques, & de nostre Regne le
treisiéme. Signé par Roy à la relation

du Scel, PICARD. Et scellé de Cire
jaulne sur simple queue.

Tous lesquelles Lettres avec ladite
information faite sur la commodité
ou incommodité desdits Articles ; &
ouy sur ce le Procureur du Roy nos-
tredit Seigneur aud. Chastelet, Nous
avons dit & ordonné, disons & ordonnons que lesdits Articles seront
ajoutez aux Ordonnances dudit Mestier selon que contenu est audit Acte
du 31 & dernier Janvier 1522 cy-
dessus transcrit, & lesquels nous avons
homologuez & homologons, octroyez & autorisons, & à iceux observer,
garder & entretenir les autres Maistres dudit Mestier, & tous autres
qu'il appartiendra, seront contraints
par toutes voyes & manieres deues &
raisonnables ; En temoin de ce nous
avons fait mettre à ces Presentes le
Scel de ladite Prevôté de Paris. Ce
fut fait le 27 Juin 1527. Signé,
MOIFAIT.

Articles que lesdits Maistres Jurez ont ajouté aux anciens.

PREMIEREMENT.

ITEM. Pourront lesdits Maistres Layetiers & Escreniers faire tous Tableaux de Bois à moulure servans à mettre Miroirs de Cristalin de Venise & tous autres Cristalins & Miroirs servans à mirer en forme de Tableaux, que les Maistres Doreurs sur Cuir de Paris ont accoustumé garnir, & autres de quelque matiere qu'ils soient.

II.

ITEM. Pourront lesdits Maistres Layetiers faire toutes Layettes & Boëtes façon d'ovalles de tous bois & de toutes façons.

III.

ITEM. Que Serviteurs ne pourront besogner en cette Ville & Fauxbourgs de Paris pour tenir Boutique dudit Mestier, & seront sujets servir

lefdits Maiftres jufques à ce qu'ils
foient receus Maiftres, fur peine de
quatre Ecus d'amende, moitié au
Roy & moitié à ladite Confrerie &
Jurez.   IV.

ITEM. Que tous Maiftres & Compagnons dudit Meftier de Layetier,
Efcrenier feront tenus payer trois de-
niers chacunes femaines pour entretenir le Service Divin de ladite Confrerie.   V.

ET deffenfes foient faites à toutes
perfonnes de n'entreprendre fur lefdits Articles, firnon les Maiftres Jurez
dudit Meftier de Layetier & Efcrenier fur peine de quatre Ecus d'amende applicable comme deffus. Signé,
DUHAMEL, & plus bas eft écrit.

Collationné à l'Original en parchemin
par les Confeillers du Roy, Notaires au
Châftelet de Paris, fouffignez. Ce fait ren-
du cejourd'huy vingt-quatriéme May mil
fix cens quatre-vingt-dix. Signé, BOU-
CHER & BOISSEAU avec paraphes.

HENRY par la Grace de Dieu, Roy de France & de Pologne, au Prevost de Paris ou son Lieutenant ; SALUT. Nous vous renvoyons certains Articles, Statuts & Ordonnance que les Maistres Jurez du Mestier de Layetiers Escreniers de cette nostre Ville de Paris, Nous ont presenté en nostre Conseil, & Vous Mandons, Commandons & enjoignons que appel nostre Procureur. Vous ayez a informer de la commodité ou incommodité que l'on pouroient recevoir en accordant & confirmant le contenu en icelle, de ladite information faite la renvoyer pardevant nous en nostre Conseil, avec vostre avis & de nostre Procureur, pour le tout veu leur estre pourveû ainsi qu'ils verront estre à faire par raison. De ce faire vous donnons pouvoir : Car telle est nostre plaisir. Donné à Paris ce septiéme jour de Janvier, l'an de grace 1582, & de nostre Regne le huitiéme. Ainsi signé Par le Roy en son Conseil,

DE VERTON.

HENRY par la grace de Dieu Roy de France & de Pologne : A tous presens & à venir, SALUT. Nos chers bien amez les Maistres Jurez Layetiers & Escreniers de nostre Ville de Paris Nous ont fait dire & remontrer que pour la conduite, police & entretenement dudit Mestier, & obvier aux fautes & abus qui se commettoient en l'exercice d'icelui, ils auroient long-temps adressé certains Statuts, Articles & Ordonnances politiques qu'il leur auroient esté accordez

accordez & octroyez par nos Predecesseurs Rois, même par nostre tres-
honoré Seigneur & Ayeul le Roy
François (que Dieu absolve) verifiez
& enregistrez au Siege de la Prévôté
& Chastelet de nostre Ville de Paris,
& depuis observez & gardez, sinon
que depuis quelque temps, que par
la negligence & mauvais devoir qu'
ont icy-devant fait aucuns Jurez Mai-
tres dudit Mestier, l'observation defdits Statuts & le bon ordre qui y
avoit esté étably seroit demeuré en
arriere & ces abus renouvellez au
grand préjudice & dommage du Public, pour à quoy remedier & mettre
les choses en leur estat, les Exposans
ont depuis nagueres fait mettre &
rediger par écrit leursd. anciens, Statuts & Ordonnances politiques, & à
icelles fait augmenter & ajouter
quelques Articles qu'ils ont estimé &
trouvé estre utiles & necessaires pour
le bien & commodité public, police

D

& entretenement dudit Meſtier, deſ-
quels nous aurions renyoyé à noſtre
Prevoſt de Paris ou ſon Lieutenant
pour appeller nôtre Procureur, informer de la commodité ou incommodité du contenu en iceux & nous en
donner ſon avis: Ce que il auroit fait,
au moyen de quoy leſdits Expoſans
ſe ſeroient retirez pardevers nous &
trés humblement ſupplié & requis
leur en vouloir octroyer nos Lettres
d'homologation & approbation neceſſaires. Sçavoir faiſons que Nous
inclinant liberalement à la ſupplication & requeſte deſd. Maiſtres Jurez
dudit Meſtier de Layetiers & Eſcre-
niers, aprés avoir fait voir en noſtre
Conſeil les Articles tant anciens que
nouveaux, renvoy d'iceux à noſtre
Prevoſt de Paris, & avis ſera à Nous
donné, le tout y attaché ſous le contre-Scel de nôtre Chancellerie. Avons
tous leſdits Statuts, Ordonnances &
Articles ſuſdits, louez, ratifiez, ap-

prouvez & émologuez , loüons , ra-
tifions, approuvons & émologuons,
voulons & Nous plaift qu'ils foient
entretenus, gardés & obfervés de
point en point fans y être contrevenu
en aucune maniere. Si DONNONS
EN MANDEMENT audit Prevôft
de Paris ou fon Lieutenant & à tous
nos autres Jufticiers & Officiers qu'il
appartiendra , que noftre prefente
ratification & émologation ils faffent
lire , publier & enregiftrer , & du
contenu en icelle & efdits Articles
joüir & ufer lefdits Expofans & leurs
Succeffeurs pleinement, paifiblement
& perpetuellement fans leur faire ni
fouffrir leur eftre fait , mis ou donné
aucun trouble ou empêchement à ce
contraire , contraignant à ce faire,
fouffrir & y obeïr tous ceux qu'il appartiendra & pour ce ferons contrain-
dre par toutes voyes & manieres
deues, & raifonnables , nonobftant
oppofitions ou appellations quelcon-

ques, pour lesquelles sans préjudice d'icelles ne voulons être aucunement différé. Car tel est nostre plaisir, & afin que ce soit chose ferme & stable à toujours, nous avons fait mettre nostre Scel à ces Presentes, sauf en autres choses nostre droit & l'autruy en toutes. DONNÉ à Paris au mois de Fevrier l'an de grace mil cinq cens quatre-ving-deux, & de nostre Regne le huitiéme. Ainsi signé sur le reply, par le Roy en son Conseil, Me Jean Bulion M^e des Requestes ordinaires de son Hostel present, DE VERTON. *Et à costé*, VISA, CONTENTOR, COMBAUD Et scellé du grand Sceau de cire jaune sur lacs de soye rouge & verte.

A TOUS ceux qui ces presentes Lettres verront, Antoine Duprat, Chevalier de l'Ordre du Roy, Seigneur de Nanthoilles, Breytozay & de Fourmieres, Baron de Thurthoury & de Viteaux, Con-

seiller de Sa Majesté, son Chambellan ordinaire & Garde de la Prevosté
de Paris., SALUT. Sçavoir faisons,
qu'aujourd'huy datte de ces Presentes, Veues les Lettres Patentes du
Roy en forme de reglement données
à Paris au mois de Février mil cinq
cens quatre-vingt-deux dernier., si-
gnées sur le reply par le Roy Mᵉ Je-
han Bullion Mᵉ des Requestes ordinaire de son Hôtel, present de Verton
& à côté, Visa, Contentor, Combaud,
& scellées en lac de soie du grand
Scel de cire jaune, obtenues & impetrées par les Maistres Jurez Layetiers
& Escreniers de nostre Ville de Paris:
Contenant que pour la conduite,
police & entretenement dudit Mestier, & obvier aux fraudes qui se
commettent à l'exercice d'icelui,
ils avoient long-temps addressé
certains Statuts, Articles & Ordonnances politiques, qui leur avoient
esté accordés par les Predecesseurs

Rois de France, verifiez & enregistrez au Siege de cette Prevosté & depuis observez & gardez, sinon que
depuis quelques temps par la negligence & mauvais devoir qu'avoient
cy-devant fait aucuns Jurez & Maistres dudit Mestier, l'observance des-
quels Statuts & le bon ordre qui y
avoit esté étably estoit demeuré en
arriere & lesdits abus renouvellez au
grand préjudice & dommage du public, pour à quoi remedier & remettre
les choses en leur estat, iceux Exposans avoient puis nagueres fait mettre
& rediger par écrit leursdits anciens
Statuts & Ordonnances politiques,
& à icelles fait augmenter & ajouter
quelques Articles qu'ils avoient estimé & trouvé estre utiles & necessaires
pour le bien & commodité publique,
police & entretenement dud. Mestier
lesquels nous avoient esté renvoyées
pour donner sur ce nostre avis, ce
qui auroit par nous esté fait, lesquel-

les Lettres Patentes ledit Sieur nous
auroit mandé faire lire, publier &
enregiſtrer, & du contenu en icelles
& deſdits Articles & Ordonnances
faire joüir & uſer leſdits Expoſans &
leurs Succeſſeurs pleinement, paiſi-
blement & perpetuellement ; ſans
leur faire ni ſouffrir leur eſtre fait ou
donné aucun trouble ou empêchement au contraire, contraignant à
faire ſouffrir & obéïr tous ceux qu'il
appartiendra & pour ce ſeront à con-
traindre par toutes voyes deues & raiſonnables, nonobſtant oppoſitions
ou appellations quelconques, pour
leſquels ledit Sieur Roy ne vouloit
eſtre différé, ainſi que le contiennent
plus amplement les autres Lettres,
la verification & émologation deſquelles Lettres, Articles & Ordonnances par eux obtenues dudit
Sieur Roy, leſdits Expoſans nous
auroient humblement requis pour
conſideration du contenu en laquelle
Requeſte, & après que de noſtre

Ordonnance lefdites Lettres Patentes, Articles & Ordonnances attachées aufd. Lettres fous le contre-Scel de la Chancellerie, ont efté montrées & communiquées au Procureur du Roy en la Cour de céans: Nous du confentement dudit Procureur du Roy, avons lefdites Lettres Patentes, Articles & Ordonnances entherinées & verifiées, pour joyir par lefdits Impetrans & leurs Succeffeurs audit Meftier du contenu en icelles pleinement, paifiblement & perpetuellement felon leur forme & teneur, nonobftant oppofitions ou appellations quelconques, ainfi qu'il nous eft mandé par icelles, & outre ordonnons que icelles Lettres & Articles feront regiftrées ès Regiftres dudit Chaftelet; en temoin de ce Nous avons fait mettre à ces Prefentes le Scel de ladite Prévofté de Paris. Ce fut fait par noble homme & fage, Me Antoine Seguier, Confeiller du Roy noftre Siré audit Chaftelet, & Lieutenant Civil de la Prevofté de Paris, le Mercredy vingt-uniéme jour de Fevrier, l'an de grace mil cinq cens quatre-vingt-deux.

DROUART.

Lefdit Statuts ont efté imprimés du temps de FRANÇOIS DEBRIE, le jeune, DENIS ALLIX, FRANÇOIS DEHAME, & JEAN PIEVOT, tous Jurez de prefent en Charge en l'année 1725.

www.ingramcontent.com/pod-product-compliance
Lightning Source LLC
Chambersburg PA
CBHW060511210326
41520CB00015B/4192